이 책을 ~

단어를 **한 번 쓸 때마다**
발음 기호와 단어의 발음 을 **말하세요.**

예시

arm을 한 번 쓸 때마다
'아, 음'을 말한다.

차례

초등영어 파닉스 119

1판 1쇄 2023년 3월 14일 | **1판 3쇄** 2024년 8월 14일 | **지은이** Mike Hwang
발행처 Miklish | **전화** 010-4718-1329 | **홈페이지** miklish.com
e-mail iminia@naver.com | **ISBN** 979-11-87158-45-5

ABC송

노래듣기

노래에 배우기

반주에 배우기

반주듣기

아보카도 영어 파닉스 송

듣기/반주

2023년
4월부터 제공

원어민 소리 듣기 ◀··· 휴대폰으로 QR코드를 촬영하려고 하면 접속할 수 있습니다.

arm   arm

arm   arm

a

arm 팔   [a:rm 앎]

art 예술   [a:rt 알트]

art   art

art   art

car   car

car   car

car 자동차   [ka:r 칼]

idea 생각   [aidí:a 아이디아]

아

idea   idea

idea   idea

a.m.   a.m.

a.m.   a.m.

a

a.m. 오전	[éiém 에이엠]
take 가져가다	[teik 테익크]

take   take

take   take

make make

make make

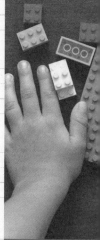

make 만들다   [meik 메잌크]

day 날   [dei 데이]

에이

day day

day day

원어민
소리 듣기

boy   boy

boy   boy

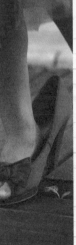

b

boy 소년   [bɔi 보이]

big 큰   [big 빅]

big   big

big   big

problem problem

problem problem

problem 문제   [prábləm 프라블럼]

club 동호회   [klʌb 클럽]

club   club

club   club

브

원어민
소리 듣기

card card

card card

C

card 카드   [ka:rd 칼드]

close 닫다, 가까운   [klouz 클로우즈]

close close

close close

picture picture

picture picture

picture 그림, 사진 [píktʃər 픽쳘]

rock 바위　　　　　　[rak 롹]

rock　　　rock

rock　　　rock

원어민
소리 듣기

doctor   doctor

doctor   doctor

d

doctor 의사   [dáktər 닥털]

drive 운전하다   [draiv 드라이브]

drive   drive

drive   drive

window　window

window　window

window 창문　　[wíndou 윈도우]

ㅌ

sad 슬픈　　[sæd 쌔드]

sad　　　　sad

sad　　　　sad

원어민
소리 듣기

every   every

every   every

e

every 모든   [évri 에브뤼]

red 빨간(색)   [red 뤠드]

red   red

red   red

they   they

they   they

they 그들이   [ðei 데이]

letter 편지   [létər 레털]

에

letter   letter

letter   letter

24

원어민
소리 듣기

eat   eat

eat   eat

e

eat 먹다   [i:t 이잍트]

feel 느끼다   [fi:l 피일]

feel   feel

feel   feel

read read

read read

read 읽다 [ri:d 뤼이드]

key 열쇠 [ki: 키이]

이이

key key

key key

원어민
소리 듣기

foot · · · foot

foot · · · foot

f

foot 발   [fut 풀트]

find 찾다   [faind 파인드]

find · · · find

find · · · find

offer   offer

offer   offer

offer 제공하다   [ɔ́:fər 어펄]

office 사무실   [ɔ́:fis 어피스]

프

office   office

office   office

원어민
소리 듣기

good good

good good

g

good 좋은   [gud 굳]

ugly 못생긴   [ʌgli 어글리]

ugly ugly

ugly ugly

dog

dog

dog

dog

dog 개   [dɔ:g 덕(그)]

bag 가방   [bæg 백(그)]

그

bag

bag

bag

bag

원어민
소리 듣기

happy   happy

happy   happy

h

happy 행복한   [hǽpi 해피]

help 돕다   [help 헬프]

help   help

help   help

hold hold

hold hold

hold 쥐고있다 [hould 호울드]

head 머리 [hed 헫(ㄷ)]

ㅎ

head head

head head

is   is

is   is

i

is 상태이다   [íz 이즈]

it 그것이, 그것을   [it 잍트]

it   it

it   it

king king

king king

king 왕   [kiŋ 킹]

pick 고르다   [pik 픽(크)]

pick pick

pick pick

원어민
소리 듣기

| i |

I 내가, 나는 [ai 아이]

ice 얼음 [ais 아이스]

ice   ice

ice   ice

child   child

child   child

child 아이   [ʧaild 촤일드]

light 빛   [lait 라일(트)]

아이

light   light

light   light

원어민
소리 듣기

job　　　　job

job　　　　job

j

job 직업　　　　[ʤab 쟙]

juice 쥬스　　　　[ʤu:s 쥬스]

juice　　　juice

juice　　　juice

just

just

just

just

just 단지, 딱   [ʤʌst 져스트]

enjoy 즐기다   [inʤɔ́i 인죠이]

쥐

enjoy   enjoy

enjoy   enjoy

원어민
소리 듣기

kill   kill

kill   kill

k

kill 죽이다   [kil 킬]

kid 아이   [kid 킫(드)]

kid   kid

kid   kid

weekend weekend

weekend weekend

weekend 주말   [wìkénd 위켄드]

think 생각하다   [θiŋk 띵크]

크

think   think

think   think

원어민
소리 듣기

long   long

long   long

l

long 긴   [lɔːŋ 렁]

like 좋아하다   [laik 라익크]

like   like

like   like

believe believe

believe believe

believe 믿다   [bilíːv 빌리입(브)]

well 잘   [wel 웰]

ㄹ

well well

well well

원어민
소리 듣기

man   man

man   man

m

man 남자   [mæn 맨]

marry 결혼하다   [mǽri 매뤼]

marry   marry

marry   marry

computer computer

computer computer

computer 컴퓨터 [kəmpjúːtər 컴퓨털]

name 이름　　　　[neim 네임]

name　　　name

name　　　name

not   not

not   not

n

not ~하지 않는다   [nát 낱(트)]

enough 충분한   [inʌf 이너프]

enough   enough

enough   enough

pain   pain

pain   pain

pain 고통   [pein 페인]

children 아이들 [tʃíldrən 췰드뤈]

ㄴ

children children

children children

old   old

old   old

O

old 늙은   [ould 오울드]

over ~위에   [óuvər 오우벌]

over   over

over   over

hotel hotel

hotel hotel

hotel 호텔   [houtél 호우텔]

go 가다   [gou 고우]

go   go

go   go

원어민
소리 듣기

party   party

party   party

p

party 파티   [pá:rti 팔티]

people 사람들   [pí:pl 피플]

people   people

people   people

map   map

map   map

map 지도   [mæp 맾(프)]

cup 컵   [kʌp 컾(프)]

프

cup   cup

cup   cup

원어민
소리 듣기

quick   quick

quick   quick

q

quick 빠른   [kwik 퀵(크)]

quiet 조용한   [kwáiət 쿠아이얼(트)]

quiet   quiet

quiet   quiet

question question

question question

question 질문 [kwéstʃən 쿠에스쳔]

unique 독특한 [juːníːk 유니익(크)]

ㅋ

unique unique

unique unique

원어민
소리 듣기

ring   ring

ring   ring

r

ring 반지   [riŋ 링]

right 옳은   [rait 롸잍(트)]

right   right

right   right

person   person

person   person

person 사람   [pə́:rsn 펄쓴]

for ~을 위해   [fɔ́:r 폴]

루

for   for

for   for

원어민
소리 듣기

start   start

start   start

S

start 시작하다   [sta:rt 스탈트]

street 거리   [stri:t 스트뤼잍(트)]

street   street

street   street

this   this

this   this

this 이, 이것   [ðis 디쓰]

us 우리를   [əs 어쓰]

스

us   us

us   us

원어민
소리 듣기

truck   truck

truck   truck

t

truck 트럭   [trʌk 트뤅(크)]

to ~로   [tu 투]

to   to

to   to

get get

get get

get 생기다	[get 겥(트)]
but 그러나	[bət 벝(트)]

but but

but but

ㅌ

put   put

put   put

u

put 놓다   [put 풑(트)]

full 가득찬, 배부른   [ful 풀]

full   full

full   full

push push

push push

push 밀다, 누르다 [puʃ 푸쉬]

house 집 [haus 하우스]

house house

house house

sugar   sugar

sugar   sugar

u

sugar 설탕   [ʃúgər 슈걸]

human 인간   [hjú:mən 휴먼]

human   human

human   human

music   music

music   music

music 음악   [mjú:zik 뮤직]

유

cute 귀여운   [kju:t 큥(트)]

cute   cute

cute   cute

원어민
소리 듣기

★★★★★

very   very

very   very

V

very 아주   [véri 베뤼]

never 절대 ~하지 않는다   [névər 네벌]

never   never

never   never

love love

love love

love 사랑   [lʌv 러브]

give 주다   [giv 기브]

give give

give give

원어민
소리 듣기

we　　　　we

we　　　　we

W

we 우리가　　　　[wi 위]

win 이기다　　　　[win 윈]

win　　　　win

win　　　　win

know   know

know   know

know 알다   [nou 노우]

now 지금   [nau 나우]

우

now   now

now   now

원어민
소리 듣기

exercise exercise

exercise exercise

X

exercise 운동하다 [éksərsàiz 엑설싸이즈]

next 다음 [nekst 넥스트]

next   next

next   next

fix   fix

fix   fix

fix 고치다   [fiks 픽스]

fox 여우   [faks 팍스]

fox   fox

fox   fox

you   you

you   you

y

you 네가, 너를   [ju 유]

young 젊은, 어린   [jʌŋ 영]

young   young

young   young

yes   yes

yes   yes

yes 네   [jes 예스]

이

baby 아기   [béibi 베이비]

baby   baby

baby   baby

원어민
소리 듣기

ZOO   ZOO

ZOO   ZOO

Z

zoo 동물원   [zu: 주]

crazy 미친   [kréizi 크뤠이지]

crazy   crazy

crazy   crazy

lazy　　lazy

lazy　　lazy

lazy 게으른　　　　[léizi 레이지]

즈

영어 모음의 원리

1. 모든 모음은 약해지면 '어'로 소리난다.
　alive [əláiv, 얼라이브] / son [sʌn, 썬]
　problem [prάbləm, 프라블럼]

2. 모음 2개가 붙어 있으면 하나만 길게 소리 난다.
　leave [li:v, 리이브] / die [dai, 다이] / juice [dʒu:s, 쥬스]

3. 단어 끝의e는 주로 앞의 모음을 길게 만든다.
　take [teik, 테익(크)] / drive [draiv, 드라이브]

영어 고민 해결!

❶ 자녀 영어 공부 질문/상담

자녀분 영어에 고민하는 분들을 돕기 위해 만들었습니다.
이 책의 저자 Mike Hwang에게 물어보세요. 어떤 질문도
좋습니다. **자녀 영어에 많은 시간과 돈을 아낄 수 있을 것입
니다.** 이 단톡방으로 오세요.

 rb.gy/n4s5it

❷ 무료 영어 작문 스터디, 매일 영어 명언

성인 분들 영어를 돕기 위해 Mike Hwang이 운영하는 영어
단톡방입니다. 같은 문법 주제로 **매일 영어 명언**을 드리고,
무료 영어작문 스터디를 진행하고 있습니다. **무료 도서증
정 등 다양한 이벤트**도 진행 중입니다.

 rb.gy/c6971l